# Eleanor Roosevelt

## Una amiga a todos

## Tamara Hollingsworth

## Asesor

**Glenn Manns, M.A.**

Coordinador del programa de enseñanza de Historia de los Estados Unidos en la Cooperativa Educativa de Ohio Valley

## Créditos

Dona Herweck Rice, *Gerente de redacción*; Lee Aucoin, *Directora creativa*; Conni Medina, M.A.Ed., *Directora editorial*; Katie Das, *Editora asociada*; Neri Garcia, *Diseñador principal*; Stephanie Reid, *Investigadora fotográfica*; Rachelle Cracchiolo, M.S.Ed., *Editora comercial*

## Créditos fotográficos

portada Biblioteca del Congreso de los Estados Unidos; p.1 Biblioteca del Congreso de los Estados Unidos; p.4 Biblioteca y Museo Presidencial Franklin D. Roosevelt; p.5 The Granger Collection; p.6 Biblioteca y Museo Presidencial Franklin D. Roosevelt; p.7 Digital Wisdom; p.8 Biblioteca y Museo Presidencial Franklin D. Roosevelt; p.9 The Granger Collection; p.10 Biblioteca y Museo Presidencial Franklin D. Roosevelt; p.11 Jaimie Duplass/Shutterstock; p.12 Biblioteca y Museo Presidencial Franklin D. Roosevelt; p.13 Biblioteca y Museo Presidencial Franklin D. Roosevelt; p.14 Biblioteca y Museo Presidencial Franklin D. Roosevelt; p.15 Biblioteca del Congreso de los Estados Unidos, LC-USZ62-41873; p.16 Biblioteca y Museo Presidencial Franklin D. Roosevelt; p.17 National Film Preservation Foundation/Newscom; p.18 Biblioteca y Museo Presidencial Franklin D. Roosevelt; p.19 Neri Garcia; p.20 Biblioteca y Museo Presidencial Franklin D. Roosevelt; p.21 Biblioteca y Museo Presidencial Franklin D. Roosevelt; p.22 Biblioteca y Museo Presidencial Franklin D. Roosevelt; p.23 Spiff/Wikimedia; p.24 Biblioteca y Museo Presidencial Franklin D. Roosevelt; p.25 Biblioteca y Museo Presidencial Franklin D. Roosevelt; p.26 Biblioteca y Museo Presidencial Franklin D. Roosevelt; p.27 Biblioteca y Museo Presidencial Franklin D. Roosevelt; p.28 (izquierda) Biblioteca y Museo Presidencial Franklin D. Roosevelt, (derecha) Biblioteca del Congreso de los Estados Unidos, LC-DIG-fsa-8b29516; p.29 (izquierda) Biblioteca del Congreso de los Estados Unidos, LC-USZ62-46732.FDR, (derecha) Biblioteca y Museo Presidencial Franklin D. Roosevelt; p.32 Suzanne Tucker/Shutterstock

## Teacher Created Materials

5301 Oceanus Drive
Huntington Beach, CA  92649-1030
http://www.tcmpub.com

**ISBN 978-1-4333-2572-4**

©2011 Teacher Created Materials, Inc.

# Tabla de contenido

Hola, Eleanor. . . . . . . . . . . . . . . .4

La joven Eleanor . . . . . . . . . . . . .7

La vida cambia . . . . . . . . . . . . . 11

Eleanor, la Primera Dama. . . . . . .15

Eleanor en las Naciones Unidas . .23

Adiós, Eleanor . . . . . . . . . . . . . . .27

Línea del tiempo . . . . . . . . . . . .28

Glosario. . . . . . . . . . . . . . . . . 30

Índice. . . . . . . . . . . . . . . . . . .31

Estadounidenses de hoy . . . . . . . .32

# Hola, Eleanor

Eleanor Roosevelt fue una mujer de acción. Cuando veía un problema, intentaba resolverlo. Su vida no siempre fue fácil. Aun así, ella trabajó para mejorar la vida de los demás. Hoy, todos la recuerdan como una mujer amable y justa.

Eleanor ayudando a unos niños

## Dato curioso

Llegaron a llamar a Eleanor "la amiga de la humanidad".

A Eleanor le gustaba tejer en sus viajes.

# Dato curioso

El nombre completo de Eleanor era Anna Eleanor Roosevelt.

Eleanor de niña

# La joven Eleanor

Eleanor nació en Nueva York el 11 de octubre de 1884. Sus padres murieron cuando era pequeña. La abuela de Eleanor la envió a la escuela en Inglaterra. Ella era una buena estudiante. Pero temía no ser lo suficientemente buena.

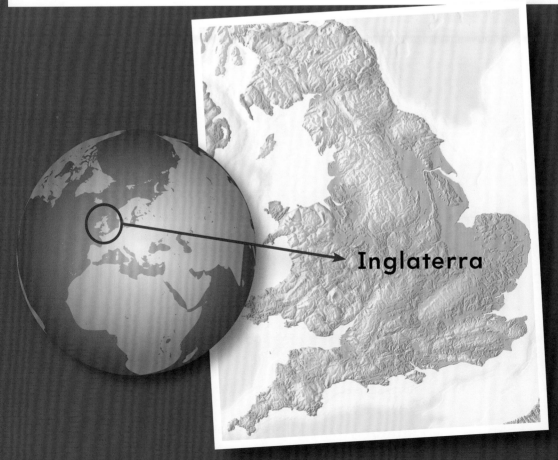

Inglaterra

Cuando Eleanor tenía 17 años, conoció a Franklin Roosevelt en un viaje en tren. A él le gustó la mujer fuerte e inteligente que era Eleanor. Se enamoraron. El 17 de marzo de 1905, se casaron. Tuvieron seis hijos.

Eleanor y Franklin el día de su boda

Eleanor

Eleanor con Franklin y su familia

Franklin con Fala, el perro de la familia, y la hijita de un amigo

# La vida cambia

En 1921, Franklin cayó muy enfermo. Cuando se curó de su enfermedad, no podía mover las piernas. Comenzó a usar una silla de ruedas. Eleanor no dejó que Franklin se diera por vencido. Le dijo a su esposo que no debía dejar que la silla de ruedas cambiara sus planes.

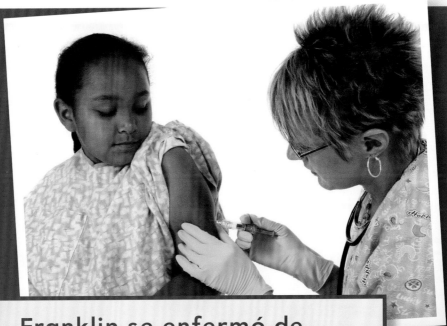

Franklin se enfermó de **polio**. Hoy en día tenemos una vacuna especial que nos protege de la polio.

En 1933, Franklin fue elegido **presidente** de los Estados Unidos. Eleanor se convirtió en la **Primera Dama**. Era una época difícil en los Estados Unidos. Había muchas personas sin empleo. Eleanor quería ayudarlas. Recorrió todo el país para preguntarles a las personas qué necesitaban.

Las personas hacían largas filas para conseguir el pan gratis.

Hoy en día esta época difícil se conoce como la Gran Depresión.

Eleanor y Franklin

Franklin se convierte en presidente.

Eleanor da un discurso.

# Eleanor, la Primera Dama

Eleanor ayudó a Franklin con su trabajo como presidente. Además, hacía su propio trabajo. Eleanor decía que las mujeres debían recibir el mismo trato que los hombres. Escribía artículos y daba discursos acerca de sus ideas. Su trabajo ayudó a cambiar la vida de las mujeres.

Esta mujer cose en una fábrica.

## Dato curioso

Eleanor ayudó a aprobar leyes que impidieron que las mujeres trabajaran todo el día sin descanso.

15

En esa época, muchas personas creían que los **afroamericanos** y los anglosajones debían estar separados. Eleanor decía que el color de la piel no era importante. La Primera Dama era miembro de un club que no le permitió cantar en su salón a una famosa cantante afroamericana. Esa cantante era Marian Anderson. Eleanor estaba furiosa. Dejó el club.

Marian y Eleanor

Eleanor ayudó a Marian a montar un espectáculo aun más importante que el del club en el monumento a Lincoln.

Eleanor con su perro Fala

Eleanor quería que los estadounidenses la vieran como una amiga. La Primera Dama comenzó a escribir para un periódico. Ella contaba historias acerca de ser la esposa del presidente. Ella compartió sus ideas. A la gente le gustaba saber sobre ella.

## MY DAY
### By Mrs. Eleanor Roosevelt

EASTPORT, Maine, Sunday—We are having the most wonderful weather, but even for this cool spot, it is warm and almost breathless. Yesterday morning, on the water, it was cool and we had a grand breeze on our way over to Eastport. Once landed there, we took a taxi and went out to Quoddy Village to visit the NYA resident project.

I had not seen this project since it had been turned over to the boys. I was impressed by the excellence of the work shops and by the tremendous interest which the boys show in the work they are doing in aviation mechanics and the regular machine shops. They have good classrooms and have set up an instrument room now, because they found a demand for men who could work on instruments.

The gliders they are making are extraordinarily good, and I hope the Army will send somebody up to inspect them, because I feel they could be used for experimental purposes. an airfield is being built quite nearby, so that some day they will actually see their engines take a plane off the grounds, we hope.

PERHAPS the most exciting part of this project is the actual practice of democracy. The law allows no discrimination of race or religion, and these boys have entered into the spirit of real democracy. Since they govern themselves, they see to it that no discrimination exists. They have a mayor, a council and a court. They also hold elections.

They had called a meeting a agreed that, though it was a Saturday, these boys knew that I would want to see them at work. It was decided to take Wednesday afternoon off and to work yesterday morning; no one was to ask me for autographs while I walked around.

I saw them have dinner. The food is good and yet they do it on 38 cents per boy per day. They plan a full recreational program and seem interested and happy. I think the NYA project at Quoddy is a very valuable project, for it seems to be turning out good men.

## Dato curioso

¡Eleanor escribió una columna en un periódico seis días a la semana durante muchos años!

Eleanor era una mujer importante que tenía mucho dinero. Pero ella tomaba el tiempo para hablar con toda clase de personas. Sabía escuchar bien. Hablaba con los obreros de las fábricas y los agricultores para saber cómo podía ayudarlos. Defendía a las mujeres y a los afroamericanos. Las personas decían que era amistosa y dedicada.

Eleanor lee a unos niños.

## Dato curioso

Eleanor cambió el trabajo de las Primeras Damas. Usó ese puesto para ayudar a los demás.

Una pintura de Eleanor

Eleanor solía hablar en las **Naciones Unidas.**

# Eleanor en las Naciones Unidas

La primavera de 1945 fue una época triste para Eleanor. Su esposo, Franklin, murió. Pero el nuevo presidente encontró una tarea especial para Eleanor. Le pidió que participara en las Naciones Unidas. Era la primera mujer en trabajar para este grupo.

El símbolo de las Naciones Unidas

## Dato curioso

La Organización de las Naciones Unidas es un grupo de personas de diferentes países que trabajan juntas.

Muchas personas creían que una mujer no podía trabajar en las Naciones Unidas. Eleanor les demostró que estaban equivocados. Ella era una mujer lista y trabajadora. Ayudó a hacer una lista de **derechos** humanos. Los derechos son cosas que hacen la vida justa para todos.

Eleanor gana otro premio.

Eleanor trabajó duro en las Naciones Unidas.

Eleanor hizo muchas cosas para que las personas tuvieran los mismos derechos.

# Adiós, Eleanor

Eleanor nació a una familia rica. Además, fue la esposa del presidente. Sabía que otras personas no eran tan afortunadas como ella. Durante su vida, usó su buena suerte para ayudar a los demás. Cambió la vida de muchos. Eleanor murió en 1962 a la edad de 78 años. Pero el mundo nunca olvidará sus buenas obras.

A Eleanor Roosevelt la amaban tanto los niños como los ancianos de todo el mundo.

## Dato curioso

El presidente Harry Truman llamó a Eleanor "la Primera Dama del mundo".

**1884**

Eleanor Roosevelt nace en Nueva York.

**1905**

Eleanor y Franklin se casan.

**1929**

Comienza la Gran Depresión.

# tiempo

## 1933
Franklin es electo presidente.

## 1945
Eleanor se convierte en la primera mujer en trabajar en la ONU.

## 1962
Eleanor muere a los 78 años.

# Glosario

**afroamericanos**—personas nacidas en el continente americano con familia que vino de África

**derechos**—lo que la ley permite o debería permitir que las personas hagan

**Naciones Unidas**—grupo de países que trabajan juntos para resolver problemas mundiales

**polio**—enfermedad que puede hacer que una persona ya no pueda mover los músculos

**presidente**—líder de un país

**Primera Dama**—en algunos países, como Estados Unidos, la esposa del presidente

# Índice

afroamericanos, 16, 20

Anderson, Marian, 16–17

derechos, 25–26

Gran Depresión, 12

Inglaterra, 7

monumento a Lincoln, 17

Nueva York, 7

Naciones Unidas, 22–25

polio, 11

presidente, 12–13, 15, 19, 23, 27

Primera Dama, 12, 15, 20, 27

Roosevelt, Franklin, 8–13, 15, 23

Truman, Harry, 27

# Estadounidenses de hoy

Michelle Obama es la primera mujer afroamericana en convertirse en Primera Dama. Es la esposa del presidente Barack Obama. Siendo Primera Dama, Michelle trabaja junto a su esposo. Ambos quieren que el país esté lo mejor que pueda estar. Juntos pueden continuar el trabajo que Eleanor y Franklin iniciaron hace muchos años.